資産を作る！資産を増やす！資産を継承させる！

一億総投資家の時代到来
私の投資の実態
経営者もＢＳ脳を磨け

辻・本郷 グループ会長
本郷孔洋

TOHOSHOBO

【目次】

はじめに

▼財テクで悪いか？

「オーナー社長のうまみを最大限発揮してどこが悪い！」

これは、私が若い頃に書いた本のキャッチコピーです。（『財テク社長学入門』一九八九年、大成出版社）

今ではほぼ死語になりましたが、かつては財務、資金の運用で稼ぐことを「財テク（＝財務テクノロジー）」と言っていました。

ちなみに、サービス残業の反対語は財テク残業です。

お小遣いを稼ぐために、わざと残業をすることをそう言っていました。

「社長は勤勉に稼ぐことも大事、でも稼ぐだけで金持ちになった人は少ない。企業成長のテコは財務戦略だ！」

と当時はのたまっていたんですね。今では、赤面の至りです（笑）。

▼休日でも稼げる商売

当時読んだ「休日でも稼げる商売」という記事は、今でも鮮明に覚えています。
月曜日に朝礼をして、「今週も頑張りましょう」で動く商売には限界があるな？
すると、寝てても稼げる金利収入とか、家賃収入は大切だな？
今でも、この気持ちは変わっていません。

▼地上げし、マンションを作り、バブル崩壊（一九九一年）

当時の私の主張は、「借金して土地を買え！」でした。
たまたま、当時の私のお客さんが、土地を売ってくれて、
近くを買い足して、友人とマンションを建設しました。
出来上がったとき、まさにバブル崩壊でした。
資産価値が一瞬で五分の一になりましたかね。

ほとんど自己資金なしで、借金で建築していましたから大変です。
借金は減りませんから（笑）。

▼ゴルフの会員権は紙くず

それだけでなく、ゴルフの会員権、株式投資も多少やっていましたので、
私の財布は火の車でした。
不動産はまだマシでしたね。家賃が入ります。
それに比べると、ゴルフの会員権は、お金も生みません。
株だって、業績が悪くなりますと無配当になります。

▼損益通算で救われた

夜逃げ寸前で、よく持ちこたえたな？
やはり、運が良かったとしか考えられません。
それと、税制に助けられました。

当時、不動産の損失は100％所得と損益通算ができましたので、三年ぐらい税金を払わずに済みました。

そして考えたのは次の一手です、

「会計事務所を大きくすれば、売り上げが増え、相対的に借金が少なくなり、返済が楽になる」

「事務所を大きくするしかない！」

「潰れるまで大きくしよう（笑）」

▼カラオケボックスでも損切り

同時に、カラオケボックスも始めました。

減価償却が取れることから「歌う節税」と題して、自ら始めたんですね。

バカですね。

五〇店舗まで作ろうとしましたが、五店舗の時点でバブル崩壊。アウト。

損だけが残った（笑）。

当時の業界紙に「カラオケ節税アウト！」とからかわれたこともあります。
こんちきしょう！（笑）

▼売り上げ第一、健康第二。

当時の私の合言葉は「売り上げ第一、健康第二」。
今は、「健康のためなら死んでもいい」（笑）。

▼買いは易し、売るは難し。

次に来たのは、リーマンショック（二〇〇八年）です。
その時は、バブル崩壊の教訓が活きましたね。
サブプライムは後で知ったのですが、
なんとなく「そろそろ、来るかな？」と思っていました。
知り合いの不動産業の人には、「そろそろ来そうだから、処分しておいたら」と
生意気にもアドバイスしたのを覚えています。

一年前から手持ち不動産の処分を始めた気の利いた人もいました。
それでも、手持ちの半分しか売れなかったと言います。
不動産はホントに「不」動産ですね。

▼おっかなびっくりな私のリーマン後

リーマンショック後、主に不動産ですが、資産は再び上昇しました。
アベノミクスでは、日経平均が上昇しました。
しかし、私の脳はバブル後遺症でした（笑）。
資産インフレが加速しましたが、私は二回もバブル崩壊を経験したので、
「（バブルがはじけるのは）そろそろかな？」と上昇トレンドには尻込みでしたね。
でも「そろそろ」は、今現在来ていません（笑）。

▼リーマンショック後に景色が変わる

というのはリーマンショック後、経済の海の色が大きく変わったと思っています。

「金融緩和と低金利」です。
成熟化した日本のじゃぶじゃぶしているお金は、設備投資には向かいません。
お金の行き先は、資産の購入です。
資産は上がりますよね。

▼コロナも乗り越える

新型コロナウイルス感染症のパンデミック（世界的な大流行）直後、
リーマンの悪夢が蘇りました。
一気に金融が締まる経験です。
ですから「まずキャッシュの確保を！」とメルマガに書いた記憶があります。
でも、杞憂でしたね。
国も学習効果で、かえってコロナ融資等でお金がじゃぶじゃぶになりました。
米国はその緩んだ金融で、株式はもっと上昇しました。

▼経営者はＰＬ脳だけでなくＢＳ脳も磨け！

そんな流れを受けて、今の時代はＰＬで稼ぐだけでなく、ＢＳでも稼ぐ。

経営者はＢＳ脳を磨くことが不可欠だと私はつくづく思います。

繰り返しますが、今の時代はファイナンスの時代です。

ファイナンスの知識なくして、企業の収益力のアップは考えられません。

そして、会社の資産防衛、社長個人の資産防衛、商品開発……。

どれをとってもファイナンス抜きでは成り立たなくなりました。

▼資産を作ること、増やすこと、そして継承すること。

さらに言えば、単に資産を防衛するだけでは面白くありません。

資産を作る、増やす。

そして継承する戦略、入口戦略、出口戦略にも触れたいと思います。

▼リメイク

本書は、『資産を作る！　資産を防衛する！』（二〇一七年　東峰書房）のリメイク版です。

リーマンショック後の金融経済への一層の傾斜を肌で感じて書いた本でした。

でも、早すぎましたね。

▼一億総資産運用の時代到来

二〇二四年から始まる、新ＮＩＳＡ（ニーサ）の税制改正を見るにつけ、
経営者にとどまらず、一億総投資家の時代が来たのではないか？
それが、この本を書く動機にもなりました。
エラそうに書きましたが、私の資産運用の歴史は赤点そのものです。
でもそんな私でも、最近は学習効果が出て少しはマシになりました。
まだまだですけど（笑）。
そんな頼りない、私自身の体験を踏まえた本でもあります。
私は良いと思ったことを、まず自分で始めてみます。

失敗も多くしました。
そんな懺悔の本でもあります。
ですから、決して成功物語ではないのです。
だから、私の本は売れないのかなー（笑）。
まあ、気楽に読んでください。

東峰書房の編集の狩野洋一さん、根本寛之さん、いつもながら、お世話になりました。
また、売れない拙著をお使いいただいています読者の皆さんにも、この場をお借りして深く御礼申し上げます。

二〇二三年六月　　本郷孔洋

第一章

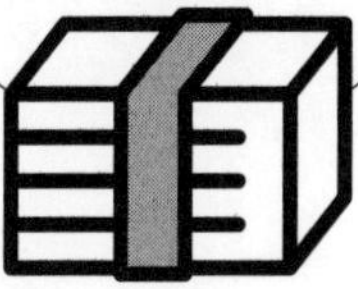

体験から導き出したファイナンス力（BS脳）を高めるための必須条件！

1 両利きの経営
経営とファイナンス力

●ファイナンス力

経営者、ビジネスリーダーは、経営をちゃんとやるのはもちろん重要ですが、ファイナンス力（＝財務力。以下、ファイナンス力）をつけることも必要です。

いわば経営（稼ぐ力PL脳）とファイナンス力（BS脳）、両利きの経営が求められる時代です。

●*1アメリカの一人勝ちの理由

私見ですが、リーマンショックの後に真の二一世紀が到来したと思っています。

完全に*2カジノ資本主義（＝Casino Capitalism）化しましたね。リアル経済から金融経済へ完全に移行しました。

リーマンショックの後、なぜアメリカが一人勝ちしたか？

私のシロート判断ですが、ヘリコプター・ベンと呼ばれたバーナンキFRB議長（当時）が、一九三〇年代の世界恐慌を研究して「いち早く大量のマネーを市場に供給して、景気対策をとったこと」が理由だと思っています。

私は、リチャード・クーさんの[*3]「バランスシート不況」も参考になりました。

「節約」は個人にとって大事だが、全体でやると不景気になる。

昔に教えられたことを、バランスシート不況で思い出しました。

＊1　もう一つアメリカが日本と違うのは、人口が増えていることなんですね。

つまり、成熟国でありながら、新興国の側面があります。

ですから、インフレになり易い。

基軸通貨も得してますね。

＊2　カジノ資本主義（＝Casino Capitalism）

S・ストレンジが一九八六年に著した本のタイトルとしても用いられている。二〇世紀後半における変動相場制への移行や、各国金融の自由化、国際化などによる金融取引の活発化と量的な拡大、金融リスクの増大とキャピタルゲインを含む金融面での収益率の増加が、マネー・ゲームを活発に行わせるようになり、あたかも密室の中でのギャンブルのように実体経済とは乖離したところで金融活動が行なわれていることから、カジノ資本主義と呼んだ。(『ブリタニカ国際大百科事典 小項目事典』より)

＊3 バランスシート不況とは、大多数の民間企業がバランスシート悪化の修復に動くことで、合成の誤謬によってマクロ経済に悪循環をもたらし引き起こされる、デフレによる不況(景気後退)の原因を説明した、リチャード・クーが提唱した経済理論モデルの一つである。(Wikipediaより)

▼アベノミクス

「デフレからの脱却」と「富の拡大」を目指して二〇一二年から始まったアベノミクスで、三本の矢(金融緩和、財政政策、成長戦略)の政策が取られましたね。

ご存じのように、大規模な金融緩和で物価上昇を目指す「リフレ派」が理論的根拠です。（理論的支柱　米イェール大　浜田宏一名誉教授）

私はこれで、土地も株も上がりましたし、*4日本経済は浮上したと思っています。

いろいろな反対意見もありますが（笑）。

残念なのは、もっと徹底してほしかった。

財政政策も、日本の経年劣化している公共インフラの再構築、たとえば道路でも橋でも、ガンガンやってほしかった。

日本も近年、何回も同じ土地で、災害が起きる事態です。

天災というより、人災？

国土の北朝鮮化（北朝鮮ではすぐ災害が起こります）が進んでる？

また、港湾整備やロジスティクスの再構築など、もっとやれればと思っています。

ドライバー不足が叫ばれていますが、港湾の再構築等により、たとえば羽田で荷下ろしを待って大渋滞しているドライバーなど、一部負担が軽減されるのではないか？

こんなことを言う人もいます。

核シェルターも必要です。
これらはあくまでシロート判断です。すみません。

＊4　景気回復、戦後二位
停滞していた日本経済の潮目は平成二四年十二月二六日の政権発足と同時に変わり、翌二五年の日経平均株価の上昇率は57％と四一年ぶりの株高になった。アベノミクス景気は二四年十二月～三〇年一〇月の七一カ月続き、戦後最長の「いざなみ景気」(七三カ月)に迫った。(ネット調べ)

▼コロナは一層BSの重要性を増した。
コロナで売り上げゼロの経験をし、
会社存亡の危機を迎えた企業が多く出てきました。
ホテルしかり、飲食しかり、あの巨大な航空会社でもそうでした。
でも仮に、家賃収入、配当収入、他の運用収入があれば、会社は存続します。

潰れません。

ＰＬの収益ゼロでも、ＢＳの稼ぎで、会社を存続させることができます。

▼ファイナンス力の差が経営の差

仮にですよ、事業（ＰＬ）で勝って、財務（ＢＳ）で負ける。

そういった事態が起こり得る可能性も考えてください。

言い換えますと、

「戦術、戦闘で勝って、戦略で負ける」

「試合に勝って、勝負に負ける」

こんなことが、日常茶飯事になりました。

たとえば、一億円の営業利益を出しました。

でもライバル会社がＭＡで企業買収し、一〇億円の力を持つかもしれないのです。

ＭＡはファイナンス力です。

ファイナンス力の差が「経営の差」になります。

くどいようですが、経営者にはファイナンスの力をつけることが必要不可欠です。

▼どちらのトップが忙しいか？

考えてみてください。

会社の収益を高めるために、社長さんは死ぬほど忙しいはずです。

通常、陣頭指揮をしないと利益は出ません。

でもヒマそうなトップもいますが、それでいて凄く稼いでる。

たとえば、好きなゴルフをしながら、ＭＡの話をゴルフ場で決めているかもしれません。

稼ぎも時間に比例しないのは、二一世紀の特徴です。

ぷらぷらしてるなーと思っている人の方が、お金を持っている時代で、法人も個人も同じではないでしょうか？

▼ＰＬの世界でもファイナンス脳は必要

最近では、*5「埋め込み型金融」Embedded Finance（エンベデッドファイナンス）と言われる商品は、リアル商品と金融商品の合わせ技で、ＰＬの分野でもファイナンス脳無しでは、儲からない時代になりました。

ＰＬの世界でもファイナンス脳は必要な時代です。

＊5　Embedded Financeとは、エンドユーザーが自ら金融事業者にアクセスせずとも、普段利用している非金融事業者の提供するサービスから利用できる金融サービスのことを指す。非金融事業者の提供サービス内に、金融サービスを埋め込む／組み込むということから、日本語では「埋込型金融」や「組込型金融」とされる（ネット調べ）。

▼ファイナンス力を磨くために
↓まず、興味を持たないとダメ。

「言うは易し」です。

なぜなら、これは日本的カルチャーへの挑戦だからです。

元来、日本では、額に汗して稼いだお金でなければ、不浄なお金でしたからね。

しかし、時代は変わりました。
理想的には、勤勉さは変わらず、ＰＬ脳だけではなく、ＢＳ脳も勉強することです。
二宮金次郎の読んでる本が、「投資の本」だった。
薪を背負い、将来のエネルギー投資を考える？
小学校からこんな教育をしたらどうでしょうか？（冗談です）

▼まず思うこと！
↓京セラの稲盛翁から学べ！

長いんですが、ネットからの引用を書きます。

「川にダムがなければ、少し天候が狂っただけで、洪水になったり、干ばつになったりする。
しかしダムをつくれば、せきとめ溜めた水をいつでも有効に使うことができる。それは人間の知恵の所産である。経営にもまたダムがなければならない。経営者は「ダム式経営」、つまり余裕のある経営をするよう努めなければならない」

松下幸之助は、京都の中小企業経営者が集まった講演会で、持論の〝ダム式経営〟の勧めを説いていた。話が終わったとき、一人の経営者が質問をした。

「いまダム式経営が必要だと言われました。が、松下さんのように成功して余裕があるところではそれが可能でも、私どもにはなかなか余裕がなくてむずかしい。どうしたらダムがつくれるのか教えてください」

「そうですなあ、簡単には答えられませんが、やっぱり、まず大事なのはダム式経営をやろうと思うことでしょうな」

「ダム式経営の重要性は分かりましたが、どうすればダムができるのでしょうか」

と質問すると、松下幸之助はじっと考えた後、

「一つ確かなことは、まずダム式経営をしようと願うことです」
と答えました。多くの人が「なんだ、そんなことか」と失笑する中、若き稲盛さんは体に電流が走るような衝撃を受けた、という有名な話です。

「そのとき、私はほんとうにガツーンと感じたのです。余裕のない中小企業の時代から〝余裕のある経営をしたい、おれはこういう経営をしたい〟と、ものすごい願望をもって毎日毎日一歩ずつ歩くと、何年か後には必ずそうなる。〝やろうと思ったってできませんのや。何か簡単な方法を教えてくれ〟というふうな、そういうなまはんかな考えでは、事業経営はできない。〝できる、できない〟ではなしに、まず、〝こうでありたい。おれは経営をこうしよう〟という強い願望を胸にもつことが大切だ、そのことを松下さんは言っておられるんだ。そう感じたとき、非常に感動しましたね。ただ多くの聴衆のなかには、そういう精神的なものについてはあまり好きではないものだから、何かもっと簡単な、アメリカ的な経営のノウハウでも教えてもらえるのではないかと期待していた人も多かったようですがね」（稲盛翁）

〈第一章〉
体験から導き出したファイナンス力(BS脳)を高めるための必須条件！

2
刷り込み
「人間は賢くない動物」と認識すること！

▼土地神話の崩壊

戦後からバブル崩壊まで、土地はずっと値上がりしていました。

株も土地ほど一本調子ではありませんが、やはり持っていれば値上がりしました。

その頃、会社の決算書を見て、現金しか持っていない会社があれば、不遜にも「なんで土地買わないの？」なんて社長に意見していました。

それが、バブル崩壊です。

土地が下がるなんて信じられませんでしたね。

▼土地神話の後遺症

正直、バブルの崩壊後もいつかは土地の価格が戻ると信じていました。

私だけではありません。友人で土地の価格が下がった時、チャンスとばかりにまた土地を買って傷口を広げた人もいました。

デフレがくるという意見もあったんですよ。

でも、人間は謙虚に他人の意見に耳を傾ける動物ではないんですよね。

私の経験では、あたまで理解一年、ハラオチ一〇年ですかね。

定かではありませんが、「これはホントにデフレなんだ」と真にハラオチした時には、一〇年以上は過ぎていましたね。

「あたま一年、からだ一〇年」

人間って賢くない動物です(笑)。

人間が賢くない動物であることを言い聞かせながら、ファイナンスを学ぶ。

これが私の体験からつくづく思うことです。

▼頭ではわかっていても……

バブル崩壊後、私も手持ちの不動産を売るのに躊躇しました。

それで長い間借金を返すのに四苦八苦しましたね。

その時、考えました。

今の事業規模では借金の返済は無理だ、と思ったのですね。

それで売り上げを増やし、相対的に借金の比率を下げようと思いました。

それが、業容拡大につながり、会計事務所もそこそこ大きな規模にできました。

だから、かえって良かったのかな?

▼「刷り込み」が捨てられるか?

「財務力を高める」という技術の前に、この気持ちがとても大切ですね。

▼謙虚に耳を傾けて素早い対応を

バブル崩壊の予兆はありました。

「大蔵省(当時)は、本気でバブルを潰そうとしている」

こんな話も聞きました。

「いくら大蔵省でもそんなことはできない」

当時のバブルの状況を見るにつけそう考えたんですね。

浅はかでした。

「これからはキャッシュの時代」だという話を、ある権威筋から聞いた記憶があります。

でも、対応しなかったんですね。

バカなわたし（笑）。

3
ファイナンス脳に切り替える
脳みそは使えば増える、お金は使えば減る

▼ファイナンス脳

理屈っぽく言いますと、「経営」をお金という観点で見れば速習できるのではないでしょうか？

経営者の考え方次第で、ビジネスを大きく変えることは可能です。

要するに「ファイナンス脳」に切り替えて、磨くことなんですね。

上場会社に時価総額があるように、自社の企業価値を絶えず金銭評価することが近道だと思います。

▼PL脳もBS脳も

損益思考も大事ですが、これがPL（損益計算書）脳だとすれば、BS（バランスシート）脳

を磨くことも大事なんですね。

たとえば、MAしたい会社があったとします。

「お金がない」で諦めないで、どうしたらそれが買えるか?

「他人のふんどし」でもMAができます。

買った会社のキャッシュフローで買えるかどうか(*LBO)、とか。

こんな脳の切り替えでも、グンとファイナンス力が付きます。

* LBO(Leveraged Buyout レバレッジド・バイアウトの略)とは、MAの形態のひとつで、買収した会社を担保に借入金を活用した企業・事業買収を指します。

▼お金が私のために働いているのだ!

「私はお金のために働いているのではない、お金が私のために働いているのだ!」

「お金のために働くのではなく、お金を自分のために働かせる」(『金持ち父さん貧乏父さん』

ロバート・キヨサキ著、シャロン・レクター著、白根美保子訳、二〇〇〇年、筑摩書房）

ここまで来ますと、ファイナンス力は達人の域？（笑）

4 お金持ちの定義
キャッシュフローを多く持っている人

▼現金はお金を生みません

モノの価値は「将来生み出すキャッシュフローの総額」です。

「ファイナンス的な意味でお金持ちというのは、キャッシュフローを生む資産を多く持っている人である」（『あれか、これか―「本当の値打ち」を見抜くファイナンス理論入門』野口真人著　二〇一六年　ダイヤモンド社）

私もまったく同意見です。

金融的に言いますとキャッシュを生まない土地は価値がありません。

大地主でさえ、有効利用してキャッシュを生まなければ価値がないのです。

▼自社株もキャッシュ化の時代

「息子さんは、あなたの株をノーサンキュウ!」

すごく売れたキャッチです。

「なるほどなー」と思いました。

評価の高い自社株式を相続するのは大変です。

後継者は、換金されない株のために多大な借金をして相続します。

それを何十年にもわたって返済することになるのです。

「こんなのバカらしい」と思う後継者も現れるでしょうね。

私見ですが、自社株もキャッシュ化の時代が来ますね。

経営と資本が分離する時代、資本がなくても、経営の継続ができる時代が来るような気がします。

現実に株はファンドに持ってもらい、経営だけ継承する。

こんなパターンのお事業承継も出てきています。

お父さんはキャッシュ化できて、ハッピー。

息子さんも経営力が問われて、磨かれます。

後で買い戻してもいいですしね。

▼PLは損益、BSはキャッシュフロー

六月は株主総会のシーズンです。つくづく上場会社の経営者は大変だなと思います。

長期的利益を犠牲にしても、短期的利益を追求しなければなりませんから。

「長期的投資はキャッシュを生むことが条件」です。

言い換えますと、「お金持ちとはキャッシュフローを多く持っている人」です。

▼長期的利益と短期的利益

単純に言いますと、PLは損益で、BSはキャッシュフローです。

いくら当期利益で頑張っても、長期のキャッシュを生む元を削っては意味がありません。

経営者は短期的にも長期的にも対応する、両利きの経営が理想です。

運用はこの合わせ技です。

▼私の失敗体験　キャッシュフローで救われた

私の経験でも、投資の基準は、将来のキャッシュフローがポイントです。

バブルの時、私も不動産でかなり損をしました。

でも、救われた理由として、不動産の家賃収入がありました。

一方、値上がり期待で買ったゴルフの会員権は、紙くずになるし配当もありません。

その時、長期的な投資は、やはりキャッシュフローが肝だとつくづく思ったものでした。

5 ファイナンス力の必要条件
何をやるか、方向性が大事

私の経験から申し上げます。

お金儲けが上手い人の必要条件は三つかな？

1　努力できる才能がある
2　努力には方向性がある
3　最後に、センス

センスは学習で上達します。

▼「努力できることが才能である」

これは、松井秀喜選手によって有名になった言葉です。

本人の記念館（松井秀喜ベースボールミュージアム）に掲げてあるそうです。松井のお父さんが紙に書いて息子に渡し、それ以降、松井は自分の部屋に貼っていたそうです。
決めたことを、ちゃんと継続的に実行できる能力です。
若い頃から資産形成のセミナーや本を出しましたが、
身近で実践する人はいなかったな（笑）。

▼継続的努力

言い換えますと、資産形成には継続的努力が不可欠です。
商売の上手い人はたくさんいます。でもどうでしょう。
商売が上手いと同時にお金持ちになった人は少数です。
これは才能の差というより、継続的努力の差ではないかと思っています。
長い間お金持ちを見てきましたが、まず継続性がないとダメですね。
当たり前ですが、貯めるは我慢、使うは一瞬です。

▼封筒をビリっと破る！

月給を現金でもらう時代がありました。（大昔の話です）
もらった給料を、目的別に別々の封筒に入れて、分別管理している先輩がいました。
ある日、二次会で女性がいるお店に行きました。
その先輩は「貯金」と書いた封筒を思いっきり破って、乗り込んだことがあります。
その月の貯金はゼロ円でした。
その先輩は、翌月から封筒の「貯金」の分類は「飲み代」に変わりました。
アーア！

▼「努力すれば努力するほど運が向いてくる」

有名なゴルファーであるゲーリー・プレーヤーの言葉です。

▼努力には方向性がある

↓「無駄な努力」はやっぱり無駄！　金持ちになるフィールドを感知せよ！

孟子が言ったとされる、私の大好きな言葉です。

松井選手やイチロー選手は、有名選手になっただけでなく、なぜ、大金持ちになれたのでしょう?

私はセミナーで、たまにこの質問をします。

大概の回答は「努力したから」あるいは「大変才能があったから」です。

しかし正解は「野球をやったから」です。

一流選手になれたのは、努力と才能によりますが、それだけでは大金持ちにはなれません。

本当の正解は、彼らは野球という稼げる職業を選び、大リーグという日本より稼げる場所で活躍したからなんですね。

他のスポーツでは、いくら才能があって努力して一流選手になったとしても、こうはいきません。

金メダルをとった人は数えきれないほどいますが、そのうち何人が金持ちになったんでしょうか?

6 逆張り これが一番難しい

▼不景気と設備投資

昔から、有能な経営者は不景気の時に設備投資をしました。
理由は、安く作れるからです。
投資も同じです。

▼「麦わら帽子は冬に買え」

相場の格言です。でもこれができないのが人間でもあります。
故事に学ぶとすれば、*1 J・F・ケネディのお父さんの神話でしょうか？
靴磨きでさえ株をやっていて、暴落前に株を売り抜けた故事ですね。
でも、稀ですから、故事として残るんですよね（笑）。

「犬が人を噛んでもニュースにならないが、人が犬を噛むとニュースになる」

このマスコミのたとえの通りに行動する。

できるかな？（笑）

＊1　ジョセフ・パトリック・〝ジョー〟・ケネディ・シニア（Joseph Patrick "Joe" Kennedy, Sr.、一八八八年九月六日―一九六九年十一月一八日）はアメリカ合衆国の政治家・実業家、第三五代大統領のジョン・F・ケネディの父である。

一九二九年の大暴落のとき、ジョーは暴落を予期して直前にほとんどの株を売り払っていたため、被害を受けなかった。よく彼の慧眼を示すエピソードとして「ウォール街で靴を磨いていたパット・ボローニャなる男までが株式取引に精通しているのを見て、株式市場はそろそろ危ないと気づいた」という話がなされるが、これはジョーの作り話であると言われており、実際にはパトロンのガイ・カリアの「株式市場はそろそろ危ない」という忠告に従ったものだったといわれている。（Wikipediaより）

▼リーマンショック後だって

皆がビビッている間に、安く不動産を購入して短期間に大資産家になった人も多くいます。

若い人が多かったですね。

新しい時代は、なまじ経験がないことが有利に働きます。

▼人生にビッグチャンスは、二、三度ある

人生にはビッグチャンス（金儲けやビジネス等）が二、三度あるといわれています。

これは、私の経験でもよくわかります。

いつも言っているのですが、ノウハウよりノウフーです。

誰と出会ったか？

自分の人生を振り返っても、そう思うんですね。

大きな出会いは二、三度ありました。

悩ましいことに、気づくのはいつも後になってからなんですね。私もそうでした。

大半の人は、そのチャンスがあっても、気づかないで過ぎ去ってしまいます。

そのチャンスだって、せいぜい人生二、三度です。
でも私の場合、運が良かったのか、その出会いが次のステップにつながったんですね。
若い人にアドバイスするとすれば「執念を持て」ですかね。
目の前の良い出会いを、淡白にやり過ごしてみすみす良い出会いを失くしてしまう。
もったいない！

▼お金に定年はない「稼げた人」から「稼ぎ続ける人」になるために！

ビジネスには定年があります。
会社の定年はもとより、個人経営でも旬は短いですね。
でも、お金には定年がありません。
もっと言いますと、死すらありません。００７のように。
お金は永久に不滅です（笑）。

▼「モテた人は多いのですが、モテ続ける人は少ない」

私ぐらいの歳になりますと、過去にモテた同じ話を何度も聞きます。
過去の彼女の写真を後生大事に持っている人もいて、何度も同じ写真を見せられます。
でも相手も、もうおばあちゃんなんだろうなと想像します。
「おもしろうてやがて悲しき鵜舟かな」
人生はピークがあるんだなーとつくづく思いますね。
ところで、自分の事業にも波があります。
というよりピークは一瞬です。
稼いだ人は多いのですが、稼ぎ続ける人は少ないのです。
稼げた人から稼ぎ続ける人になるために、ファイナンスが登場します。
その為には、お金の力が不可欠です。
繰り返し言います。
「お金は永遠に不滅です！」
「我が巨人軍は永久に不滅です。」　長嶋茂雄・元読売巨人軍監督

「巨人軍は永久にシブツです。」　ナベツネ（笑）

7

義理を欠いても損はするな！

投資の心構え

▼「ドクターには義理を欠いてもいい」

という言い伝えがあります。ウソです（笑）。

現実的には、世話になっている先生に義理を欠くわけですから、とても勇気が要ります。

でも、自分の命は自分で守らなければなりません。

「悪いと思わない」ことです。

私も「ドクターを代えたらいいのに」というケースを間近に見ています。

セカンドオピニオンは、自分の命を守るためには不可欠です。

名医の旬は、今か、名声か？

見極めるのも、寿命のうちです。

名医にも旬があります。

「駿馬も老いれば駄馬になる」

もちろん、ドクターだけではありません。

▼税理士・会計士・弁護士業も同じです。

頼んだ税理士が、無駄な税金を払ったり、裁判に負けたりするケースも見てきました。

友人でも、スパっと切る！

これも、できる人は少ないですが。

私も実は自信がありません（笑）。

▼絶対に損をする

ウォーレン・バフェットの語録の中に次のような言葉があります。

*1『ルールその一：絶対に損をしないこと。

ルールその二：「ルールその一」を忘れないこと。』

私の邪推ですが、バフェットさんもずいぶんと損した苦い経験があるんでしょうね。
これは、私も身に染みました(笑)。
絶対に損をするのが投資です。

＊1　アメリカのあるスーパーマーケットの張り紙
　ルール一：「お客さんは悪くない」
　ルール二：「もしお客さんが悪いと思ったらルール一見よ！」

▼投資アドバイザーには義理を欠いてもいい

投資の世界もドクターと一緒ではないでしょうか？
親しい証券マンとか、付き合っていくうちに仲良くなる人もいます。
すると、しばしば義理で投資をすることがあります。
でも失敗すれば、自分の損です。当たり前ですが(笑)。
「義理を欠いても損はしない」これは鉄則です。

これは、私の懺悔と体験からのアドバイスです（笑）。

▼人は良いが、運の悪いアドバイザーはＮＧ

かつて付き合っていた証券マンがいました。

とても人柄がよく、比較的理論的に投資を勧めてきていました。

私も納得して投資したんですが、どれをやっても損ばかりでした。

「運が悪い！」結論はそれしかないと、ある時気が付きました。

▼最後はキャッシュ　含み益ほど当てにならないものはない！

「含み益ほど当てにならないものはない」

これは、ドイツの金融関係者の言い伝えだそうです。

私もバブルの時、痛いほど経験しました。

少し株や不動産を買って値上がりして、
知り合いに「いくら含み益がある」なんて自慢しましたから。

でも崩壊は一瞬でした。株やゴルフの会員権は紙くず同然でした。

ですから私の経験でも、やはり最後はキャッシュです。

常に現金化できる体制が必要です。

「常に現金化を考えろ！」

これは、私の投資の基本です。

それには、俊敏に対応できる「魚の眼」が不可欠です。

エラそうには言えないなー（笑）。

▼リスク

「富には、リスクが伴う」

これは、中国の言い伝えだそうです。

問題はリスクの範囲です。

[*2]トカゲの尻尾は、30％まで切られても再生するそうです。

孫さんの記事を読んで以来、私はリスクの範囲を三割と決めています。

単細胞ですが。

でも、張る金額が多くなりますと、率は変わりませんが額が多くなります。

つまり、リターンが大きくなります。

最近のソフトバンクGの損失は、巨大です。(二〇二三年五月現在)

トカゲの教訓通りやっているのでしょうか?

＊2　トカゲは尻尾切りで有名です。

「自切」と言って自らの身体の一部を捨てて、外敵から身を守る。

さて何割までが再生可能か?

ネットを調べたのですが、出てきませんでした。

8

損する忍耐より儲ける忍耐

株の相場の見方

▼コツコツドカン

これは象徴的な言葉です。

小さく慎重に稼いで、ドカンとやられる。

これは、経済学というより心理学ですね。

ホントによくやられました（笑）。

▼「損する忍耐より儲ける忍耐」

儲けるときは上昇相場で忍耐強く我慢して、大きく値幅を取りにいこうという格言です。

これは相場の有名な格言です。

つまり、

「株は儲からない」という投資家の多くは、儲けている投資家と逆のことをしていることが多いようです。

複数の銘柄に投資したときの例を挙げます。

値上がりした銘柄、値下がりした銘柄が出たときに、個人投資家は値上がりしてわずかな利益が出た銘柄を売り、評価損の銘柄を手元に残します。

プロの投資家は逆で、上げている銘柄は上昇エネルギーが強いとみて手元に残し、下げている銘柄はいつ回復するかわからない、さらに下値を追うかもしれないという見方をします。

▼そして、待つ！

私が過去に一番できなかったことです。

麻雀で見（ケン）という言葉があります。

これはゲームに参加せず、情勢を見守り、次のゲームの戦略を練ること。

一流の麻雀の勝負師はこの能力が高いとされています。

投資にもこれが必要で、これができない人は一流の投資家になれない？

私はつくづくそう思うんですね。
ちょっと儲けて、営業マンに勧められて、休まず買う。
これってアホか、カモか（笑）。

9

税金
手取り、なんぼか?

▼キャッシュフローと税金

私が四〇代で書いた税金の本の題名のほとんどに「節税」が入っていました。

バブル時代、それだけ「節税」が大流行だったんですね。

ところがバブル崩壊後、流れがキャッシュフロー経営に傾いて来ました。

それと並行して「節税」の文字が世の中から消えて行きました。

ところで、日本の企業は経常利益を出すことが最重要課題でした。

そのため、全社を巻き込み、経費節減、QCなどケイツネを出すためには、全社一丸となって目標に向かって進まなければなりません。

でもその後の税引き後の利益への関心は低い。

ところが、欧米の企業では「税引き後の利益」「手取りなんぼ」を重視します。
そして、重要なことは「節税」です。
税務戦略がとても重要になります。

日本企業のようにケイツネを重視しますと、全員を巻き込まなければなりません。
エネルギーがいる作業になります。
一方、欧米企業のように、税引き後の利益重視は、
少数の知恵で済みますから、コストもエネルギーも使わない。
さてその結果、税引き後利益はどちらも一緒だとすれば、どちらが楽だと思いますか？

このように、キャッシュフロー経営の大きな肝の一つは、税務戦略です。
私は、キャッシュフローを「現金利益」と言ってます。

▼「年俸を手取りなんぼくれ」

昔、プロ野球の有名選手が「年棒を手取りなんぼくれ」と掛け合って、マスコミに叩かれました。

でもこれは投資の視点からいいますと、当然の視点です。

専門書には節税と書かれていますが、別に節税でも何でもありません。

税法通りにやるだけで、有利不利は私たちが判断すればいいだけのことです。

私のポイントは次の二点です。

▼法人で投資するか、個人で投資するか？

一長一短です。

短期的投資、長期的投資で税金が違います。

私は面倒なので、あまり税金のことを考えないで、大体法人で投資をしています。

プロとして情けないのですが（笑）。

それでも最近の税務の傾向では、法人投資が出口戦略を取りやすいので、法人での投資を勧めています。

▼税目ごとの検討も必要

税の専門用語で税目という言葉があります。
資産税なのか、所得税なのか、法人税なのか。
単純に税率だけを見ないで、投資目的をよく検討することも不可欠です。
相続を意識した場合、資産税（相続税、贈与税）を中心に検討してください。
事業承継対策では、株価評価も大きなポイントになります。
税効果を入れた利回り計算でも、節税効果が無くても回る資産に投資をする。
株式投資は、もちろん分離課税が使える個人が得ですね。

▼卵は一つのカゴで運べ！　あえて選択と集中をせよ！　お金には色がある

「卵は一つのカゴで運ぶな！」というリスク分散のことわざがあります。
*狡兎三窟《こうとさんくつ》という言葉があります。

私は、「狡兎三窟」の言葉の方が好きでよく使います。
以前、私も資産新三分割法なんて話していました。
でも、それだと資産は増えないのですね。
最近では、選択と集中の方がいいのではと思っています。

＊　すばしっこいうさぎは三つの隠れ穴をもって危険から身を守ると言う意味から、身の安全を保つために、いくつかの避難場所や策を用意する例。

10
経営者は、稼ぐ（PL）も大事、BSにも着目せよ！
ファイナンス力はBS力

以下、繰り返します。

▼重要なBSの役割

財務戦略には、BS（バランスシート）のフル活用がとても重要です。
もちろんPL（損益計算書）で稼ぐことは基本ですが、それだけでは不十分です。
昨今の円安でドル換算しますと、ほとんどの日本企業のBSは目減りしました。
言い換えますと「PLで勝って、BSで負ける」ということになります。

▼MAの時代は、財務力が肝

また、成熟化時代の成長戦略は、MA戦略を抜きにして考えられません。

会社を成長させたい、伸ばしたいと考えるなら、M&Aは不可欠です。
M&Aは、BS重点で考えます。
たとえば、前述したLBOは、相手の会社の資産のフル活用です。
買収資金は、相手会社のレバレッジのフル活用です。
これだって、PLというよりBSの活用です。

▼経営者はBS力を磨け

上記のように経営者は、稼ぐ力をPL力とすると、
BS力、すなわち財務力を磨くのもとても大切です。
「俺はカネは苦手だ！」と照れる社長さんもおりますが、
現在の経営はそれだけでは不十分です。
成熟した国家はどうしても、お札増刷社会（金融主体の社会）になります。
私見で恐縮ですが、良し悪しは別として、経営者の財務力は自社の成長戦略を左右すると言っ

ても過言ではないですね。

▼PLは足し算、BSは掛け算

労働から生まれる利益はPLです。

逆にBSは、「資産によって得られる富」を得ることができます。

PLは足し算ですが、BSは掛け算の成長戦略が取れます。

▼BSの高速回転

ゼロ金利ですから、BSを不稼動にしますと目減りします。

すると経常利益にも影響します。受取利息が稼げませんものね。

そしてファイナンスは回転数です。回転数次第で、収益力がアップします。

出と入りの高速回転が必要です。BSの高速回転です。

BSの高速回転による収益力のサポートが、不可欠だと思うんですね。（もちろん損するリスクもあります）

▼営業利益＝金融利益（資産利益）

定年後を豊かにするために、サラリーマンは定年時に不労所得と勤労所得を同じに持っていく戦略と実行が必要です。

企業も理想的には、ＢＳでの稼ぎを営業利益とイコールにすることです。

奇しくも国際会計基準の利益は、*包括利益です。

儲けに色をつけないということです。

業界の垣根がなくなりましたし、ＰＬでもＢＳでも、割り切って稼ぐこの気持ちが大切だと自分では思うんです。

＊　包括利益

従来の当期純利益に、保有株式の含み損益の変動額等を加えたものを包括利益という。

11

本郷流投資の考え方

心乱(試行錯誤)の投資術

▼本郷流投資の考え方

思い返せば、ずいぶん投資には失敗してきました。
それでも、最近は改善されてまあまあの成績です。
エラそうで恐縮ですが、本郷流投資の考え方を書いてみます。
私の投資術は下記の通りです。

もちろん絶対ではありません。環境が変われば豹変します。
私は興味がある投資案件は、まず自分でやってみます。
だから失敗も多いのですが(笑)。
その結果の投資術です。

①人間は愚か者だと思って、投資機会に臨むこと。
決して、自分は投資の天才だと思ってはいけません。
大儲けしても、ビギナーズラックかもしれません。

②投資は資産価値に目をつけるのではなく、将来のキャッシュフローを生むかどうかで考える。

③投資を考える場合、やはり不動産投資は、長期的に投資の王様です。

④将来的には、不労所得と勤労所得を同じに持っていく努力が必要です。
サラリーマンは、退職時の自分の所得が、不労所得とイーブンになるのが理想です。
できますよ。

⑤強欲は敵だ！（素敵だ？）
昔、私の知り合いがやくざに脅されました。

「お前、命とお金はどっちが大事だ？」

「お金！」

「欲は海水やで！　飲めば飲むほど喉が渇くもんや」

常にいつでも売却を考えるのが重要。

これが難しいんだよね（笑）。

⑥絶対損してはダメ！
努力して損する、こんなバカなことはない！

⑦見切り千両、環境変化には敏感になれ。
私もかつてそうでしたが、資産には思い入れがあるので、手離れが悪く売却の機会を失うことがよくあります。

特に農耕民族の日本人は、売りたがりません。

「全ての投資資産を売ることも辞さない」「下がったらまた買えばいい」

頭ではわかっていても……（笑）。

第二章

鳥の眼・虫の眼・魚の眼

その①
私の鳥の眼　マクロの眼

▼三つの眼

よく言われることですが、投資を考える際には「鳥の眼、虫の眼、魚の眼」の「三つの眼」が重要です。

まず、一つ目の「鳥の眼」。

鳥のように大空から俯瞰して見る広い視点が必要です。

いわば、マクロの眼。長期的視点です。

二つ目が「虫の眼」。

虫のように地を這って、身近から詳細に見る眼も必要です。

ミクロの眼です。

実務にはこの嗅覚がとても大事で、投資の肝でもあります。

でも、これだけでは不十分なんですね。

さらに三つ目の「魚の眼」。

これも不可欠です。魚は水中で絶えず危険な目に遭います。

そして危険に対して瞬時に対応するため、俊敏な動きをします。

投資環境が変わった場合に、すぐ環境の変化に対応できる魚のような俊敏さも不可欠です。

ヤバイと思ったらすぐ損切り、撤退の勇気も必要です。


余談ですが、魚のウロコを素材にした化粧品が開発されたことがあります。

魚は岩に毎日ぶつかりますので、傷だらけです。

でも、すぐ回復して肌がスベスベになります。

これは、魚のウロコが回復剤の役割を果たすからだそうです。

この特性を使って、肌荒れ、シワ取りによく効くスキンクリームを作ったのです。

売れたかどうかは定かではありません（笑）。

▼理屈が好きな私

私は、理屈（理論）をまず探します。

学生時代に「お前、理論的根拠は?」などと脅かされ、

ビクビクした経験からなのでしょうか?

「理論のないやつは頭が悪い」と言い放つ、バカな先輩のせいでしょうか。

おかげで、女性を好きになった時「なぜ好きになったか?」とすぐ考え、

さっぱりモテませんでした。

「この人変な人」と思われ、去っていった人もいたな。

順を追って、私の頭の変遷を書いてみます。

1

シムズ理論
最後はインフレ

▼私の経済史

バランスシートエコノミーに行きつくまでまとめてみます。単純だなー（笑）。

トマ・ピケティ理論（二一世紀の資本）

←

シムズ理論（物価の財政理論　the Fiscal Theory of Price Level）

←

リチャード・クー　バランスシート不況

←

ＭＭＴ理論

←バランスシートエコノミー
←バランスシート経営　↓　目指せ！　PL、BSの両利きの経営

▼経済もバランスシートから見る？

経済のシロートが言うのもなんですが、クー理論とか、MMT理論を見ながら、少し飛躍して、**BS経済学（バランスシートエコノミー）**があるんではないか？

つまり、経済学も**BS経済学の視点が必要**ではないか、とつくづく思います。

従来の景気循環の経済、

これを仮に**PL経済学**（損益計算）とすると、

これだけでは、昨今の経済を読めないいんじゃないかと思うんですね。

その根拠を列挙しますね。
これだけ金融緩和しても先進国（成熟国）では、需要がない。
↓投資先がない（お金の需要がない）
↓お金の供給過多
↓日本は長いことデフレが続きました。
・資産インフレは続く
すると、お金は、資産に行きます。


バブルが弾けるまで、資産インフレは続く！

知人は、「シャンパンだって泡がなければ、美味しくない。バブルがない人生は面白くない」

とつぶやきました。

納得！

▼リーマンショック後ジグザグと迷走

リーマンショック後は、私の未知の領域でした。

少なくとも、アベノミクスまではそうだったなー。

経済も低迷していましたしね。

賢い人は、ひたすらその時期に不動産を仕込みました。

私は正直、おっかなびっくりで、

それだけでもこんな投資の本を書く資格がないんですが……。

「私の人生暗かった」(藤圭子)

でも、夜明け前が一番暗いと言われます。

ふっと私の目に入ってきたのが、

トマ・ピケティ理論『二一世紀の資本』と『物価の財政理論』でした。

「そうか!」パッと光明が差し込んだのです。

私の従来の「財政規律」の考え方が吹っ飛んでしまったのですね。

もともと職業柄財政規律を維持しなければならないと思っていましたし、

日本国の膨れ上がる借金も心配でした。
日本国の「国家破産」を考えたこともあります。
私にとって「コペルニクス的転回」でした。

2

トマ・ピケティ理論
資本収益率（r）は経済成長率（g）よりも常に大きい！

▼資本収益率（r）は経済成長率（g）よりも常に大きい！

この法則は、*1トマ・ピケティ（Thomas Piketty）の『21世紀の資本』（二〇一四年　みすず書房）からの引用です。

ベストセラーになった有名な本です。

著者の分析によりますと、

*2「長期的に見ると、資本収益率（r）は経済成長率（g）よりも常に大きく（r＞g）、資産によって得られる富は、労働によって得られる富よりも大きい」

その結果「富の集中が起こり、貧富の差が広がる」とされています。

▼「資産によって得られる富」

私も昔から、なんとなくそう思っていたのですが、ハラオチしましたね。

難しく考えなくても、労働だけで小金持ちになった人は多数いますが、大金持ちになった人は、私の経験でも皆無ですものね。

ＩＰＯ長者、これだってキャピタルゲインです。

あのトランプだって、不動産王ですから。

「資産によって得られる富」で大金持ちになりました。

＊1　トマ・ピケティ（Thomas Piketty, 一九七一年～）とは経済的不平等についての専門家であり、資本主義と格差拡大の関係について論証した『21世紀の資本』で一躍世界から注目を集めた。

＊2　長期的にみると、資本収益率（r）は経済成長率（g）よりも大きい。資本から得られる収益率が経済成長率を上回れば上回るほど、それだけ富は資本家へ蓄積される。そして、富が

公平に分配されないことによって、貧困が社会や経済の不安定を引き起こすということを主題としている。資本（ストック）が生み出す収益率が、資本収益率（return on capital）です。たとえば、百万円の資本を使って、利息や投資などで一年間に五万円の収益を上げれば、資本収益率（r）は五％になります。

歴史的に見た資本収益率（r）は、4～5％です。

3

物価の財政理論
最後はインフレ

一九九〇年代初頭に提唱された理論ですが、私が知ったのはアベノミクス前後でした。浜田先生の「リフレ派」が話題になった頃です。

▼物価の財政理論とは[*1]

この理論は、次のような話です。

私はちゃんと読んでいません。受け売りです。

・現在のような超低金利下では、金融政策（量的緩和）だけでは、物価は上がらない
・物価上昇のためには、財政拡大が必要
・減税も必要

・その結果、財政赤字が増え、国の借金が増えるが、その借金はインフレで実質チャラにする

▼資産防衛が必要

インフレになれば、私たちの資産も目減りします。

ですから、インフレ対応の資産防衛策が必至です。

でも、資産防衛だけでは目減りします。

財産を増やすことも不可欠です。

▼適切なインフレレベル

適切なインフレレベルで金融緩和と財政政策をやめることができるのでしょうか？

シロート的な意見で恐縮ですが、一旦火が付いたインフレ政策を止められるのでしょうか？

私は無理だと思いますね。

とことん行くのでは、と思っています。

ハイパーインフレを心配する人がいますが、それは当分ないのではないでしょうか？

ハイパーインフレになるとすれば、*2二〇〇〇兆円と言われる
個人金融資産を使い切った時？

▼やっとインフレ

アベノミクスが二〇一二年（平成二四年）からですので、
一〇年経ってやっとインフレですね。
それでも世界に比べてインフレ率は低い。

＊1　「物価の財政理論（the Fiscal Theory of Price Level）」とは
二〇一一年にノーベル経済学賞を受賞したクリストファー・シムズ（Christopher Albert Sims　Princeton University）米プリンストン大学教授らが提唱した理論。

＊2　個人金融資産（二〇二二年十二月末）：前年比九兆円増、前期末比十七兆円増。
二〇二二年十二月末の個人金融資産残高は、前年比九兆円増（0.4％増）の二〇二三兆円。

4 MMT（Modern Monetary Theory：現代貨幣理論）

もう一つ、私が影響を受けたのは、MMT理論です

この理論は、ニューヨーク州立大学のステファニー・ケルトン教授らが提唱し、サンダース氏やアメリカ民主党左派の理論的支柱となっています。

私も、中野剛志氏（エコノミスト）がある雑誌で書いたのを読んで衝撃を受けました。

▼MMTの骨子

骨子は次の通りです。

①自国通貨建てで政府が借金して財源を調達しても、インフレにならない限り、財政赤字は問題ではない。

②マネーがマネーになるのは、人々がマネーとして認めるから。

「通貨は『納税義務の解消手段』という価値を持つ」（中野剛志氏）

③内国債、外国債を分けて考える。
内国債は、国債保有者（国内民間）と国債発行者（政府）で相殺が可能。
海外から借金するから国家破綻する。

④*デフレは減税、インフレは増税。

＊　変動相場制で自国通貨を有している国家の政府は通貨発行で支出可能なため、税収や自国通貨建ての政府債務ではなく、インフレーションを尊重した供給制約に基づく財政規律が必要であるという主張。

5 低金利の経済学

最近影響を受けたのはこの本でした。

▼『バブルの経済理論　低金利、長期停滞、金融劣化』（櫻川昌哉著　日本経済新聞出版）

本書では「長期の低金利が続く経済」を想定した経済学の本はなく、全て「高金利」を前提としていると述べています。

また、潜在成長率が長期にわたって低迷が続く日本です。

これも影響を受けましたね。

すると、

①低い成長率、低金利

②低金利よりも成長率が高い状態が続く

この経済を背景にすれば、「バブル」が続き、臨界点は成長率よりも金利が高い時になります。

単純に言えば実質利回りがゼロになるまで、バブルが続きます。

▼人は好きなものでこける！

バブルが弾けるのを見ると、人間は好きなことでこけますね。

オランダ　↓　チューリップバブル

米国　↓　株の大暴落

日本　↓　土地神話の崩壊

昔、イトーヨーカ堂の創業者の伊藤会長（当時）の講演で、「人間は好きなことでこける」と聞いたんですね。

こけ方も、民族性が出ています。

6 二一世紀は金融の時代

前述しましたが、リーマン前とリーマン後、これが大きな転換点だったのではないかと勝手に考えています。

リーマンショックを契機として、ホントの二一世紀が始まった。

そして、二〇世紀が製造業の時代だとすれば、二一世紀は金融の時代ではないか？

▼金融時代の考え方

さて、こんな風に考えられませんか？

①全てが金融商品になる！（家族以外は皆金融商品）

②インフレヘッジは、不動産、株。最近では、時計、美術品などあらゆるものが投資対象。

③三種の神器の徹底活用

「キャッシュフロー・レバレッジ・流動化」

これが金融の三種の神器です。言い換えますと、

「利回り・低金利・小口化」です。

▼贈与の経済　稼ぐ経済から貰う経済へ

昔は、都会に出てきて田舎の両親に仕送りするのが親孝行でした。

しかし今では、親やおじいちゃん、おばあちゃんから貰う（ギフトを受ける）のが親孝行です。

敬老の日の支払いも、おじいちゃんおばあちゃんです。

子ども、孫はただ「おめでとう」と言うだけです。

税務面から見ても、住宅資金、学資、結婚資金の贈与税の特例（特典）があります。

銀行の宣伝を見ても、相続と資産運用のテレビコマーシャルばっかりです。

「預金せよ」なんてコマーシャルはちっともありません。

▼金融経済は貰う経済

二〇〇〇兆円のストックをどのように、自社のビジネスに結び付けるか？

日本のビジネスの主戦場は、その奪い合いです。

分配のビジネスです。

相続ビジネスの猖獗を見ますと、すごいですものね。

不動産ビジネスも相続対策を織り込むことで、より売りやすい商品化ができます。

▼インバウンドだって貰うビジネス

インバウンドの過熱はコロナ明けに復活しました。

これだって、貰う経済です。

バブル期までは、アウトバウンドで海外に金を落としてきました。

余談ですが、私が若い頃は貰うのは恥だと教えられたんですが……。

今は死語ですが「イセコジキ」なんて言葉もありましたしね。

▼そして、奪うへ

また、ストック型経済ですからパイが一定です。
すると、奪う経済でもあります。
コンビニが「来店してもらえば勝ち」と言っているのは正解です。
「開いてて良かった」から「入ってくれて良かった」の時代です。
他の店はその分来店客が少なくなります。
ポイントも同じです。奪う経済です。
自分の店で使ってもらわないと、他店への単なるギフトですものね。

7

私の見立て

以上の理論を踏まえて

箇条書きにします。

①真の二一世紀はリーマンショック後から始まった。

②二一世紀は「金融経済」の時代

↓法人も個人も資産運用が肝

③日本は低成長、低金利が続く

④長期的にはインフレ

特に、資産インフレになる。

⑤資産は「作る、増やす、守る、継承する」

入口から出口までの戦略と実践をしなければなりません。

▼低金利は続く

「Cash is King to cash is stone.（お金は無価値のただの石ころに戻った）」（『次なる１００年：歴史の危機から学ぶこと』水野和夫著　二〇二二年　東洋経済新報社）

第三章

鳥の眼・虫の眼・魚の眼

その②
私の虫の眼　実践の眼

▼宝くじも買わなきゃ当たらない「Knowing-Doing Gap」

知ることと、やることのギャップ。

これは実に大きい。

いいなと思い興味を持つのですが、なぜかやらない。

これは人間の性なんでしょうね。

あるいは、過去に手痛くやられたトラウマで動けない。

これらのバリアを超えて、資産運用に一歩踏み出す。

これって実に大変なことなんですね。

「宝くじも買わなきゃ当たらない」

私はいつもこう思っています。

▼国際比較

株式でも不動産でも国際比較は必須です。

もう四〇年前（三〇代の頃）になりますが、

私のお客さんに外資系の証券会社で、債権のディーラーをやっている人がいました。

外資系証券会社が珍しかった頃です。

その時、債権にも時価があり、売買があるというのを初めて知って、
びっくりした記憶があります。

国債は満期償還が当たり前だと思っていた時代でした。

しかも先物で、ものすごい儲け方をすることにもびっくりした記憶があります。

もう一つ衝撃的な思い出があります。

「株式も国際比較で値段が決まる！」

ということでした。

トヨタ社はGE社と比較（当時）して安い、高いなど。

でもピンと来ませんでしたね。

今では、日本株の相場も外国人買い次第です。

不動産でも株式でも、他国と比較して高いか低いか、国際比較で時価が決まる時代になりました。

▼政治経済（Political economy）

昨今言われているのは、地政学的リスクです。

でも、このリスクを「政治経済」と考えると、ハラオチします。

日本には当初「Poritical economy」として入ってきたのですが、それを「*経世済民」と訳したため省略されて「経済」と単独で一人歩きしたと言います。

正確には、政治経済が一体で動くので、経済には常に政治的リスクが伴います。

最近ロシアとウクライナの戦争のせいで、ロシアで展開している事業がロシア政府に召し上げられるという、恐ろしい話を聞きました。

海外投資も政治的リスクを読んで投資すること。

無くなってもいいと思うぐらいでないと投資はＮＧなんでしょうね。

ちなみに私の大学の専攻は政治経済でしたが、さっぱり勉強しませんでした。

こんなこと考えたの、七〇歳すぎてからですものね。

It's too late!（笑）

▼スリランカ

私自身、スリランカに定期預金をした経験があります。

初めて行って、風光明媚で海岸線もきれいで、ローカルの食事も美味しくて「東洋のハワイ」を感じたんですね。

満期になり、預金を引き上げました。

でも、五年は正直長いですね。

その半年後、周知のように政治的混乱が起こりました。

間一髪で助かりました。

まさに、政治と経済は一体です。

＊　けいせい‐さいみん【経世済民】

世の中をよく治めて人々を苦しみから救うこと。また、そうした政治をいう。「経」は治める、統治する。「済民」は人民の難儀を救済すること。

▼私の実践

能書きを言う前に、私の実践経験を書きます。
書きながら思ったのですが、なんと投資ポリシーのないこと（笑）。
ダボハゼです。

下手な鉄砲を数打っても当たらない！
また、新しもの好きなのでよく失敗します。

1

一国二金利
同じ通貨でも国によって金利が違う

▼カンボジアへの投資

たまたま、カンボジアのプノンペンに当社の現地法人を作りました。

その時、カンボジアは米ドルが自由に使える国なんだとわかりました。

米ドル預金ができ、なおかつ金利も高い（図1参照）。

米国本土の金利は低金利ですが、カンボジアの米ドル預金は高い。

（その分政治的リスクが高い）

図1　カンボジアにある日系現地銀行の金利水準（2023年6月現在）

定期預金		
期間	通貨	
	米ドル	**カンボジアリエル**
3ヶ月	3.00%	4.00%
6ヶ月	4.00%	5.00%
9ヶ月	4.50%	5.50%
12ヶ月	5.75%	6.50%
24ヶ月	5.75%	6.75%
36ヶ月	6.00%	7.00%
48ヶ月	6.25%	7.50%
60ヶ月	6.25%	7.50%

一国二金利と言うことがあるんですね。
そこで、この高金利を利用して定期預金をして、
現地の経費の足しにしようと考えました。
事業が軌道に乗るまでに時間がかかるので、
その前に金利で赤字を補填するスキームです。
これは、上手くいきましたね。

定期の金利で現地スタッフの給与が払えたし、何より為替で儲かりました。
八〇円で送金していましたから、その後の円安で利益が取れました。
余談ですが、ソフトバンクがスプリントへ投資した時も、1ドル八〇円でした。
もう円高はお仕舞いだと決断して、投資したという話を雑誌で読みました。
私の場合は為替を考えない投資でして、単なる運で儲かっただけです。
エライ違いです。

▼海外進出は金利との合わせ技

特に新興国への投資は金利が高いので金利との組み合わせがお薦めです。
金利で、進出する現地法人の経費の足しにする。
軌道に乗るまでの赤字の補填で、預金をしておく。
為替のリスクはもちろんありますが、どうせ進出したんだから、
長期で置けばいいと私は思っています。

▼ピョンヤン

余談です。
カンボジアは北朝鮮と国交があり、プノンペンにも
「ピョンヤン」という北朝鮮政府直営の焼肉店がありました。
店員さんも、喜び組かは知りませんが、キレイな女性が多く、
そこに当時のカンボジア支部の代表がはまってしまって、週二〜三回通っていました。
「店の女性から『一緒に逃げて?』と頼まれたらどうする?」と冗談で言ったら、

「一緒に逃げます」との答え。
日本領事館にでも二人で駆け込まれたら、と心配した思い出があります。

▼円ドル勝負

これは、私はよくやりました。
今までは、ボラティリティ(volatility)[*1]が短期で起こります。
今までは、ボラティリティは、比較的長期的な幅で大きく変動しました。
でも今は、単年で平気で二割近く価格が動きます。
ということは、短期勝負ができます。
でもリスクがありすぎます。
今ではやめて、プロに任せています。

▼為替の投資は相手国が高利運用できる国が良い

私は、米ドルに替えて、もし円高になって損をしたら、わりきって米ドルで運用します。

米国は、高利回りの商品が手に入ります。

たとえば、ドル建ての金利の高い*2劣後債を買って待ちます。

当時（二〇一七年）ロシアのルーブル債（年利11％）とドイツ銀行（年利6％）の劣後債です。

円高になったら、また円に交換します。

これは、比較的パフォーマンスがいいですね。

日本の金利が低いのでできるんですね。円キャリーと同じです。

でも、今のロシアの情勢を考えると、よくルーブル投資したなと冷や汗ものです。

＊1　ボラティリティ（volatility）とは、広義には資産価格の変動の激しさを表すパラメータ。

＊2　劣後債
企業が社債を発行する際、通常無担保で発行される社債を一般無担保社債もしくは優先社債（シニア債）というが、一般無担保社債と比べて、元本および利息の支払い順位の低い社債を劣後債ないし劣後社債（またはシニア債に対しジュニア債）と呼ぶ。債務不履行のリスクが大

きい分、利回りは相対的に高く設定されている。

▼ベンチャー投資

結構やりました。でもパフォーマンスは正直悪い。

何より、時間がかかります。

年を取った人には向かないですね。

最近では、私の事業と関連がある投資か、

私的に面白い投資以外やらないようにしています。

▼絵画

実験ですが、試しに始めてみました。

出版は結果が出ませんが。

▼海外不動産投資

昔、やりました。本も書きました。

シアトルのアパートでした。

「一九四五年建設」を「昭和四五年」と間違えて買いました。

バカですね。

二年で償却で、確かに節税メリット（当時）はあり、

売却時は簿価が低くて多額の売却益が出ましたが、

結局、そんなにトクではなかったですね。

それと、維持費にお金がかかりました。

極端な話、毎月修理代がかかり、家賃収入がその分目減りします。

海外ですから確かめる手段もなく、不動産は近場だなと当時思いました。

2

短期の延長が長期！

長期の中の短期ではない

虫の眼（実践の眼）は、長期と短期の両方を持っていなければなりません。簡単に言います。

▼長期的視点

①リスクオフ……安定性
②キャッシュフロー
③ストック

▼短期的視点

①リスクオン……やや投機性

②キャピタルゲイン
③フロー

理屈はこうですが、前述したように、ボラティリティが短期で動きます。長期投資で始めても、短期勝負の場面がすぐ起きます。

ですから私は、短期の延長として長期を捉えるのがいいのではと思っています。

3

定期預金より銀行株

金利よりも配当

▼短期のボラティリティ

短期の大きなボラティリティは、株式でも勝負ができます。

一億円の定期預金の利息は一年でわずか0・002％です。

すると、配当が良い銀行株は、預金より旨みがあります。

単純な話、銀行から借金をして銀行株を買う、これも儲け方ですよね。

ひも付きではできませんが。

▼銀行預金するなら、配当の良い株式投資

二〇一七年当時の話です。

今のように配当目的の投資が盛んになる前の話です。

①「配当が良い銀行株」を探したら、上位にあおぞら銀行が出てきました。
その時少しですが、配当と値上がり益を享受できた記憶があります。

②ゴーンさんの日産を買う
当時日産自動車も買いました。
配当が高かったのと、日産の親会社がルノーですから。
ルノーはフランスの国策会社です。
ゴーンさんはフランス政府にゴマをするため、高配当を続けるだろうと思ったのです。
これは短期間で売り抜けました。
保有していたら、ひどいことになりましたね。
当時は、ゴーンさんがあんなことになるなんて、夢にも思いませんでしたから。

▼再開
最近もボチボチ配当目的の投資は再開しています。
高配当だけを狙わず、堅いバリュー株の取得と長期保有を考えています。

▼米国株

為替のリスクはありますが、配当狙いで米国株も面白いと思っています。まだ買っていませんが。

4
利は元にあり
安く仕入れるのが肝!


極端に言います。

PLを横にしたのが、BSです。(図2)

調達を仕入れ、運用(使途)を売り上げ、と考えれば、**利は元にあり**で、仕入れがとても大切です。

PLも粗利が肝です。BSも同様に粗利を上げるには、調達が安価なのがポイントです。

すると、今の低金利がポイントになります。

レバレッジを活用して、調達コスト(仕入れ)を安くする。

自己資本の活用が一番仕入れコストが高くなります。


「成長するなら金借りろ!」

図2　B／Sの仕組み

運用（使途）	調達（ローン調達か、自己資本調達か？）
使途（投資）	調達
売り上げ	仕入れ

これはある経済雑誌の見出しでした。うまい！

▼買うタイミング

資産の購入も、利は元にありです。
買うタイミングが一番重要です。
金融（ファイナンス）を「値づけ」と喝破した人がいます。蓋し、卓見です。
一般に、株でも不動産でも、高くなってから買うんですね。
上手い下手ではなく、これは経済学というより心理学です。
理想的には逆張りですが、なかなかね（笑）。

▼MAも仕入れが肝

MAも買収会社のキャッシュフローを買うわけですから、仕入れが肝です。
安く買うことができれば、利回りがグンと上がります。
負の暖簾も計上できます。

5

100％のパフォーマンスを求めない

名人、天井売らず底買わず！

▼欲に負けたポンド買いの失敗

イギリスのＥＵ離脱（Brexit）に賭けて、ポンド買いをしました。
これは見事な失敗でした。

売り時を間違えたんですね。
投票が始まる前はＥＵ離脱はないとの憶測で、ポンドが上がりましたね。

「売ろう」と思ったんです。
ところが欲を出したんですね。もっと上がると思ったんです。
その後、情勢が残留派に不利になり、損をしました。

「腹八分」日本語にはとてもいい言葉があります（笑）。
つくづく、名人には程遠い！
その後、専門家に聞きましたら、為替は先行で動くといいます。
ですから、ＥＵ離脱の投票が始まる前が一番高いんですね。
勉強になりました。

6 休日でも稼げる商売

私が数十年にわたって好きな言葉です。
また、会計事務所開業以来の私の理想でした。
でも大きなことは言えません。
「明日なろう！」→*あすなろ→いまだ、なれず死ぬまであすなろ！（笑）

＊「あすなろ」とは木の名前です。ヒノキにとてもよく似たその木は「明日こそなろう」「ヒノキのように強くなろう」とがんばる木。

▼太陽光投資は空き家リスクなし

私的に面白いと思っているのが、太陽光投資です。
これも、小口化（低圧）して販売されています。
太陽光には、電力会社の固定買取制度（ＦＩＴ）が二〇年あります。
つまり二〇年間、固定収入が入ります。
言い換えますと、利回りが二〇年間一定で稼げます。
こんな商品はありません。
不動産会社の社長が太陽光投資をしてつくづく言ってました。
「不動産は空き家リスクがあるけど、太陽光は空き家リスクがない」
蓋し、名言です。

▼他の再生エネルギーにも注目

再生エネルギーの時代です。
最近では風力等、やはり利回りが稼げる商品が出てきました。

安定収入としての投資、リスクオフの商品として、私の好きな商品の一つです。

▼不動産は王道

まず不動産投資。長期的には、投資の王様です。

資産インフレの目安も不動産です。

度々書いていますが、

「定年時の年収＝家賃収入」が理想です。

会社は、

「営業利益＝テナント料収入」です。

さてさて
次に書くのは、本書リメイク前の本文です。

私の見立ては間違っていました。更に現在上がっています。

「今の時点（二〇一七年六月時点）では、不動産投資は高くなりすぎて、私的には買う気にはならないのですね。都心の一等地（銀座）で利回り二％です。自己資金ででも買わないと、危険だなーと思ってしまいます（低金利が続くなら、二％でも買いということになるのですが……。でもね）。」

▼入口から出口まで解決できるのは、不動産しかない！

「資産を作る！　資産を増やす！　資産を継承させる！」長期にわたって完結できる手法は不動産が王様です。

①入口

全額自己資金が入りません。

借金（レバレッジ）が可能ですので、他の資産に比べて、買いやすい。

②税効果

減価償却、あるいは、相続税でも評価が時価より低く、対策としても有効です。

③相続対策

後継者に引き継ぎやすい。

④小口化（後述）

↓買いやすい

最近では、不動産も小口化商品化し、売れすぎて仕入れが間に合わなくなると言います。

▼全てを動産と考える

私は、不動産というのが近い将来なくなるのでは？　と思っています。

全て流動化、動産化すると思っています。

私は、勝手に金融の三種の神器を次のように決めています。

「キャッシュフロー、レバレッジ、流動化（liquidation）」

①キャッシュフロー

何回も書きますが、値上がり期待だけでは投資をしません。
値下がりしても、収入を確保できるので、長期保有が可能。

②レバレッジ

借金のトラウマがあったのですが、やっと私なりに払拭できました。
それでも、フルローンは私的には怖いですね。
ですから、レバレッジは50%ぐらいに抑えています。
(最近は、70%ぐらいに上げています)

②そして、流動化できるか?

不動産*1リートを待つまでもなく、何でも流動化の時代です。
将来小口化して再販できるか、これもポイントです。
私は家族以外は全て流動化する時代が来ると思っています。

▼無借金は正しい戦略か?

低金利、将来のインフレを考えると、

やはり無借金経営は手堅いですが、伸びしろがない。

MAを見ても、レバレッジは投資だけでなく、企業の成長戦略の一つです。

あとは程度ですよね(笑)。

銀行が一斉に回収に入った時は、過度のレバレッジは怖い。

*1 リート(REIT)とは、「Real Estate Investment Trust(不動産投資信託)」の略称で、投資家から資金を集めて不動産を運用して得た賃料収入等を元に投資家に分配する金融商品です。米国で一九六〇年代に誕生し、一九九〇年代に急速に拡大しました。

▼不動産リートの注意点

短期間ですが不動産リートにトライしました。アメリカの不動産リートです。

雑誌で褒めていたので、買ってみました。すごく便利な商品で、毎月分配してくれます。

「年金生活者向けの商品だ」との説明を受けました。
でも注意点は、毎月元本と金利を一緒に分配します。
ですから、毎月投資元本に「値上がり益がなければ」減っていきます。
私も誤解してすごい配当だなと思っていたのですが、蛸足配当なんですね。
私の場合、為替がうまくぶれて儲かりましたが、その時点ですぐ店じまいしました。

第四章

結びに代えて

▼**変化の予感**

ズバリ　日本に若い金持ちが増えた！

私の予感のキーワード

*1『遅れてきた青年』（大江健三郎著）

↓アメリカに遅れること何十年、やっと世界のスタートラインに立った日本。

*2『若くて、悪くて、凄いこいつら』（柴田錬三郎著）

↓若くて凄いのが多数出てきました。

短期間で稼ぎ、バンバン人生のためにお金を使う。

世代交代が進み、お金の価値観が変化した。

（引用が古過ぎてすみません。本書の内容とはまったく関係性がありません。）

＊1　大江健三郎による半自叙伝的小説。（『遅れてきた青年』大江健三郎著、一九七〇年、新潮文庫）

＊2　柴田錬三郎による痛快な青春冒険小説。（『若くて、悪くて、凄いこいつら〈第一部〉』柴田錬三郎著、一九八八年、集英社文庫）

①高級マンションの賃貸も若い人
たとえば、コロナ明け、高級不動産物件は入居率が高いと聞きます。
しかも、外国人用高級マンションに日本人の入居が増えて、
加えて若い世代の入居が増えているといいます。
たとえば、ラ・トゥールシリーズ（住友不動産）では
　四九歳以下の入居者
　　二〇〇三年　　17％
　　二〇二三年　　59％

②高級マンションの購入も！
私見で恐縮ですが、高級マンションの購買層も若い人が増えているのではないでしょうか？

③高級ジム＆スパの昼間も若者だらけ

④予約の取れない店も若者が多い

▼資産運用の時代到来

二〇二四年から始まる、新ＮＩＳＡ（ニーサ）の税制改正を見るにつけ、経営者にとどまらず一億総投資家の時代が来たのではないか？

一部のシン富裕層だけではなく、多くの若い人を巻き込んだ変化です。

「世代交代が進み、お金の価値観が変わった」と私は感じるんですね。

その予感はリメイク前の本文で書きました。

引用します。

「海外駐在の人がアメリカの女性と現地で知り合って結婚しました。そこで、二人の両親を引き合わせたところ、奥さんの実家の資産が、男の実家の資産の一〇倍でした。どちらも普通の家庭で育ちました。これは、資産運用の差だ。（だから、資産運用は大事）」

これは、ＴＶコマーシャルで、ウェルスナビ・柴山ＣＥＯが、自分の両親と奥さん（アメリカ人）の両親を比較して話していたことでした。こんなコマーシャルですが、一〇年前には日本ではありませんでしたね。

必ず、アメリカのトレンドが日本にタイムラグで起こります。

▼もう一つの体験

私の親しい知人で、会計業界ビッグ４の一つのアメリカのパートナーで、引退した方がいます。

後に聞いたのですが、その人の引退後の企業年金がかなりの額でびっくりしました。

それは、企業の資産運用の成果配分です。

一方、日本のビッグ４のパートナーで引退しても、企業年金は出ないそうです。

私の知る限りです。間違っていたら教えてください。

これって資産運用の差そのものです。

▼資産運用の世界に飛び込む

「天に唾する行為」かも知れません。

趣味も兼ねてですが、あえてこれから当社も資産運用のアドバイス業務をやることにしました。

*「ファミリーオフィス」部門も立ち上げました。

シンガポールにもそのための出先を作りました。

私も過去に運用でかなり損をしましたし、これからも上手くいく保証がありません。

でも、一割経済（九割が金融）です。

金融を無視しては、付加価値の高いビジネスができません。

自社の資産運用とお客さんへのアドバイス業務を積極的にやろうと思っています。

会計事務所にとって、資産運用のアドバイスは禁句でした。

私も自分でやる分にはいいが、投資で損をした場合のことを考え、躊躇もしていました。

上手くいけば良いのですが、失敗するとバツが悪いですから。
でも、ルビコン川を渡りました。大げさですが。
お客さんだけでなく、自分の運用を実践してみようと思います。

＊ ファミリーオフィスとは、資産が一定額以上の富裕層を対象に資産管理および運用サービスを提供する組織を指します。

以上

〈著者プロフィール〉

本郷 孔洋（ほんごう よしひろ）

公認会計士・税理士

辻・本郷 グループ会長。辻・本郷 税理士法人前理事長。

早稲田大学第一政経学部卒業、同大学大学院商学研究科修士課程修了。公認会計士登録。

2002年4月に辻・本郷 税理士法人を設立し、理事長として国内最大規模を誇る税理士法人へと育て上げる。会計の専門家として、会計税務に携わって30余年、各界の経営者・起業家・著名人との交流を持つ。2016年より現職。

東京大学講師、東京理科大学講師、神奈川大学中小企業経営経理研究所客員教授を歴任。「税務から離れるな、税務にこだわるな」をモットーに、自身の強みである専門知識、執筆力、話術を活かし、税務・経営戦略などの分野で精力的に執筆活動をしている。

近著に『ほんごうが経営について考えたこと2023』（東峰書房）ほか著書多数。

資産を作る！ 資産を増やす！ 資産を継承させる！

～一億総投資家の時代到来　私の投資の実態　経営者もBS脳を磨け～

2023年9月6日　初版第1刷発行

著者	本郷孔洋
発行者	鏡渕敬
編集	狩野洋一
発行所	株式会社 東峰書房 〒160-0022 東京都新宿区新宿4-3-15 電話　03-3261-3136　FAX　03-6682-5979 https://tohoshobo.info/
カバーデザイン	松本麻実
本文デザイン	小谷中一愛
印刷・製本	株式会社 シナノパブリッシングプレス

ISBN 978-4-88592-229-9 C0034

Printed in Japan